ABC DATES

Die Date Challenge für besondere Paare

FANTASIA BOOKS

Das sind wir:

Zusammen seit:

____

Einleitung

In einer Welt voller Hektik und Alltagsstress ist es manchmal schwer, die Romantik aufrecht zu erhalten. Wie gut, dass es jetzt dieses Buch gibt, welches euch dabei hilft außergewöhnliche, spannende und lustige Date Ideen zu entdecken und eure Beziehung auf eine neue Ebene zu bringen!

Willkommen zu „ABC DATES: Die Date Challenge für besondere Paare“ — dem Leitfaden für unvergessliche gemeinsame Erlebnisse!

Macht euch bereit für eine Welt gefüllt mit Romantik, Spaß und Abenteuer während ihr eure Beziehung stärkt und eure Verbindung auf neuer Ebene vertieft. Erlebt eure Liebe auf ganz neue Art und Weise und lasst euch von „ABC DATES“ inspirieren, überraschen und verzaubern!

Ist eure Liebe bereit für dieses Abenteuer? Dann startet eine neue Challenge und lasst euch von den spannenden Date Ideen verzaubern, die nur darauf warten von euch entdeckt zu werden!

ARCADE CENTER

In einem Arcade Center könnt ihr verschiedene Spiele ausprobieren und euch in spannenden Wettkämpfen messen. Egal ob Klassiker wie Pac-Man und Mario Bros oder interaktive Spiele wie Lasertag: die gemeinsame Spielerfahrung sorgt für großen Spaß und einen lustigen Wettkampf. Außerdem könnt ihr euch gegenseitig unterstützen, gemeinsam neue Spiele ausprobieren, und eure Fähigkeiten als Team auf die Probe stellen!

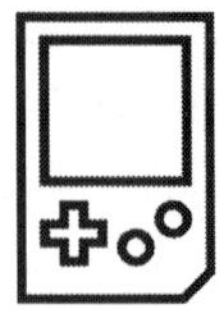

Unsere Erfahrung:

____

____

____

____

____

____

____

____

____

____

____

____

Bewertung: ♡♡♡♡♡

Datum:

Platz für unsere Erinnerungen…

AURA FOTOGRAFIE

Dieses außergewöhnliche und einzigartige Date wird eure Bindung auf neuer Ebene vertiefen! Bei dieser Art der Fotografie werden die energetischen Felder um euch herum farblich sichtbar, wodurch ihr gemeinsam eure Aura entdecken und die verschiedenen Farben, ihre Wirkung und Bedeutung erforschen und interpretieren könnt.

Unsere Erfahrung:

Bewertung:

Datum:

Platz für unsere Erinnerungen…

ALL YOU CAN EAT

Wer schafft mehr? Geht in ein All you can eat Restaurant eurer Wahl und stellt euch der Herausforderung wer mehr essen kann! Der Verlierer bezahlt das Essen :)

Achtet allerdings drauf, dass ihr nicht unnötig Essen verschwendet. Was ihr nicht schafft, nehmt ihr mit nach Hause, wo ihr anschließend ein zweites Battle starten könnt.

Unsere Erfahrung:

Bewertung: ♡♡♡♡♡

Datum:

Platz für unsere Erinnerungen…

BOOTSFAHRT

Bei diesem Date könnt ihr frei nach euren Vorlieben wählen: Lieber in der Natur Tretboot fahren, ein richtiges Boot mieten oder doch einfach eine entspannte Bootstour auf dem Fluss genießen? Oder wird es schließlich doch einfach ein Schlauchboot auf dem See? Schnappt euch eure Lieblingssnacks, sucht euch eure liebste Version aus und genießt die Zweisamkeit in der Natur!

Unsere Erfahrung:

Bewertung: ♡♡♡♡♡

Datum:

Platz für unsere Erinnerungen…

BURGER SELBER MACHEN

Wozu immer überteuerte Burger essen gehen, wenn man diese ganz einfach zu Hause nachmachen kann? Zahlreiche Rezepte stehen euch im Internet kostenlos zur Verfügung und ihr könnt euch kulinarisch austoben. Wenn ihr eine richtige Challenge wollt, dann macht auch die Burger-Brötchen, die Pattys, die Soßen und die Pommes selbst.
Lasst es euch schmecken!

Unsere Erfahrung:

Bewertung: ♡♡♡♡♡

Datum:

Platz für unsere Erinnerungen…

CANDLE-LIGHT-DINNER
AT HOME

Diese Date Night könnt ihr perfekt mit einem Themenabend kombinieren: Ihr sucht euch ein beliebiges Thema aus z.B. Krimi Abend, kulinarische Exkursion etc. Und gestaltet so euren Abend. Bei einem Krimi Abend eignet sich ein Spiel in dem ihr einen richtigen Mordfall lösen könnt perfekt als Aktivität danach. Außerdem könnt ihr eigene Cocktails mixen und euch kulinarisch ausprobieren!

Unsere Erfahrung:

Bewertung:

Datum:

Platz für unsere Erinnerungen…

CITY-TOUR

Seid Touristen in eurer eigenen Stadt: Erkundigt neue Viertel in denen ihr zuvor noch nicht wart, sucht nach neuen Cafés, Aussichtsplattformen, interessanten alten Gebäuden. Nutzt andere Linien bzw. Verkehrsmittel und ihr werdet überrascht sein wie viel mehr eure Stadt zu bieten hat!

Nehmt eine Digitalkamera mit oder nutzt euer Handy für ein spontanes Fotoshooting.

Unsere Erfahrung:

Bewertung: ♡♡♡♡♡

Datum:

Platz für unsere Erinnerungen…

DIY-ABEND

Auf Seiten wie TikTok, Pinterest und Instagram findet ihr mega viele und besondere DIY's die ihr als Paar gemeinsam basteln bzw. Erstellen könnt. Von gemeinsamer Händeabdruck, Foto Collagen bis Bügelperlen Motive erstellen sind euch keine Grenzen gesetzt. Somit sammelt ihr nicht nur neue schöne Erinnerungen und habt Spaß, sondern könnt diese auch noch für immer aufbewahren!

Unsere Erfahrung:

Bewertung:

Datum:

Platz für unsere Erinnerungen…

DINNER IN THE DARK

Ihr habt keine Lust mehr auf langweilige Restaurant Besuche? Dann probiert unbedingt „Dinner in the Dark“ aus! Ihr erlebt einzigartige Gerichte in purer Dunkelheit, bei denen eure Sinne und Geschmacksknospen auf eine ganz neue Art und Weise herausgefordert werden.

Unsere Erfahrung:

Bewertung:

Datum:

Platz für unsere Erinnerungen…

ESCAPE ROOM

Entflieht dem Alltag durch ein einzigartiges Date im Escape Room: Codes knacken und knifflige Rätsel lösen stärken eure Zusammenarbeit. Dies ist aber auch eine gute Gelegenheit für ein Doppeldate mit euren Freunden. Falls das jedoch nichts für euch ist, gibt es als Alternativen zahlreiche Escape Room Spiele die ihr zu Hause lösen könnt!

Unsere Erfahrung:

Bewertung: ♡♡♡♡♡

Datum:

Platz für unsere Erinnerungen…

ERDBEEREN PFLÜCKEN & KUCHEN BACKEN

Erdbeeren pflücken ist eine schöne Sommer Aktivität (besonders schön ist das Naschen zwischendurch :)) Dieses Date könnt ihr auch noch zu Hause weiterführen, indem ihr aus euren Erdbeeren einen frischen und leckeren Erdbeerkuchen backt:

Zutaten:

- 200 g Zucker
- 200 g Mehl
- 200 g Butter
- 4 Eier
- 1 Päckchen Backpulver
- 1 Päckchen Vanillezucker
- 500 g von den frisch gepflückten Erdbeeren

Alle Zutaten bis auf die Erdbeeren miteinander zu einem glatten Teig verrühren, den Teig in eine eingefettete Springform geben und glattstreichen, Erdbeeren halbieren und gleichmäßig auf dem Teig verteilen, Ofen auf 180°C Grad vorheizen, anschließend 40-45 Minuten backen, aus dem Ofen nehmen und abkühlen lassen, Am Ende noch mit Puderzucker bestäuben und genießen!

Bewertung: ♡♡♡♡♡

Datum:

Platz für unsere Erinnerungen…

FOOD TOUR

Schnappt euch 5 - 10€ und geht auf Entdeckungstour! Häufig gibt es Foodtruck Festivals, Markthallen mit verschiedenen Essensständen oder Jahrmärkte, an denen ihr euch kulinarisch durchprobieren könnt. Schaut wie viel ihr jeweils für euer Budget essen könnt und macht eine kleine Challenge daraus: Wer die besseren Snacks und Food Spots findet, gewinnt!

Unsere Erfahrung:

Bewertung: ♡♡♡♡♡

Datum:

Platz für unsere Erinnerungen…

FOTOAUTOMAT

Spontane Dates sind die Schönsten: Solltet ihr mal an einem Fotoautomaten vorbeigehen, scheut euch nicht davor hineinzugehen! Diese Fotos sind unbearbeitet und dadurch einzigartig und vor allem eine schöne Erinnerung die ihr für immer aufbewahren könnt. Macht es zu einer Tradition immer in einen Automaten zugehen, sobald ihr einen seht. Irgendwann habt ihr genug Fotos und könnt daraus ein besonderes Fotoalbum gestalten.

Unsere Erfahrung:

Bewertung:

Datum:

Platz für unsere Erinnerungen…

GEMÄLDE MALEN

Schnappt euch kleine oder große Leinwände mit Pinsel und Farben, setzt euch gegenüber und fangt an euch gegenseitig zu malen. Nehmt euch einige Minuten Zeit um intensiv euer Gegenüber zu analysieren.

Welche besonderen Merkmale könnt ihr erkennen, welche Eigenschaften stechen besonders ins Auge? Fällt euch etwas auf, was ihr zuvor noch nicht bemerkt hattet?

Besondere Merkmale von______________:

____

____

____

____

____

Besondere Merkmale von______________:

____

____

____

____

____

Bewertung: ♡♡♡♡♡

Datum:

Platz für unsere Erinnerungen…

GESCHENKETAUSCH

Sich gegenseitig ab und zu eine kleine Freude bereiten gehört in einer Beziehung dazu und zeigt, dass der Partner keine Selbstverständlichkeit ist. Macht ein Budget aus und bereitet euch gegenseitig eine kleine Freude. Von Lieblingssnack aus dem Supermarkt, selbstgepflückter Blumenstrauß bis zu Konzertkarten ist eurer Kreativität keine Grenzen gesetzt. Auch kostenlose Geschenke bereiten eine riesige Freude wie z.B. selbstgeschriebene Briefchen.

Unsere Erfahrung:

Bewertung:

Datum:

Platz für unsere Erinnerungen…

GAMING NIGHT

Egal ob Nintendo Switch, Playstation oder Monopoly: Ein Spieleabend ist vielseitig und ganz individuell! Es ist euch überlassen ob ihr zur Konsole greift oder doch beim klassischen Brettspieleabend bleibt. Dabei könnt ihr euch in spannenden Wettkämpfen messen oder eure Fähigkeit als Team stärken:
Der Spaßfaktor ist definitiv da!

Unsere Erfahrung:

Bewertung:

Datum:

Platz für unsere Erinnerungen…

HOTEL DATE

Durch den ganzen Trubel und Stress im Alttag geht die Romantik meistens etwas unter, weshalb es umso wichtiger ist sich für den Partner intensiv Zeit zu nehmen. Dieses Date könnt ihr perfekt mit einem Städtetrip kombinieren: Sucht euch ein gemütliches oder außergewöhnliches Hotel oder Airbnb in einer Stadt eurer Wahl und genießt eure Zweisamkeit!

Unsere Erfahrung:

Bewertung: ♡♡♡♡♡

Datum:

Platz für unsere Erinnerungen…

HAFENRUNDFAHRT

Unternimmt unbedingt eine Hafenrundfahrt wenn ihr euch in der Nähe eines Hafens befindet! Während man an beeindruckenden Containerschiffen und historischen Segelschiffen vorbeifährt, taucht man in eine atemberaubende Atmosphäre und kann gleichzeitig durch gegenseitiges ankuscheln Gemütlichkeit erzeugen.

Unsere Erfahrung:

Bewertung: ♡♡♡♡♡

Datum:

Platz für unsere Erinnerungen…

INDOORSPIELPLATZ Ü18

Lasst den Alltagsstress hinter euch und seid im Einklang mit eurem inneren Kind! Viele Indoorspielplätze bieten spezielle Events für Erwachsene an bei denen ihr unvergessliche Momente voller Action und Spaß erleben könnt. Trampolinhallen sind für jedes Alter geeignet und bereiten ebenso viel Freude.

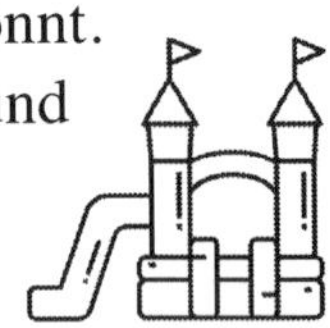

Unsere Erfahrung:

Bewertung: ♡♡♡♡♡

Datum:

Platz für unsere Erinnerungen…

IRIS FOTOGRAFIE

Die Augen sind das Tor zur Seele: Mithilfe der Iris Fotografie könnt ihr die Ewigkeit festhalten und eure Persönlichkeit auf emotionale und einzigartige Art und Weise zum Ausdruck bringen! Verewigt eure Seelen auf einem ganz besonderen Foto.

Unsere Erfahrung:

Bewertung:

Datum:

Platz für unsere Erinnerungen…

INFINITY ARMBÄNDER

Ein Symbol der ewigen Liebe und Verbundenheit: Permanente Armbänder sind zeitlos und ein Verspechen an euch beide. Eine besonders schöne Date Idee für euren Jahrestag, den Valentinstag, oder auch perfekt als Geschenk zum Geburtstag geeignet.
Besorgt euch ein Stück Unendlichkeit!

Unsere Erfahrung:

Bewertung: ♡♡♡♡♡

Datum:

Platz für unsere Erinnerungen…

JUNKFOOD NIGHT

Wer steht bitte nicht auf Junkfood? Sucht euch die saftigsten Brownie, Cookie und Pommes Rezepte raus und lasst es euch zu Hause gut gehen! Besorgt euch noch andere Snacks und macht euch auf den besten Cheatday seit langem gefasst!

Unsere Erfahrung:

Bewertung:

Datum:

Platz für unsere Erinnerungen…

KARAOKE BAR

Eine unvergessliche und wirklich lustige Erfahrung ist ein Besuch in einer Karaoke Bar! Es ist auch eine super Idee für ein Doppeldate mit euren Freunden: Wer ist heimlich eigentlich ein Popstar und wer sollte das Singen doch lieber lassen?
Findet es heraus bei einem unvergesslichen Abend in einer Karaoke Bar!

Unsere Erfahrung:

Bewertung:

Datum:

Platz für unsere Erinnerungen…

KERAMIK BEMALEN

Entdeckt eure kreative Seite und gestaltet einzigartige und individuelle Kunstwerke! Diese könnt ihr anschließend als Dekoration für eure Wohnung (oder zukünftige Wohnung) verwenden, wodurch ihr täglich an dieses besondere Date erinnert werdet. Außerdem hat das Keramik bemalen eine meditative und entspannende Wirkung, die euch im Trubel des Alltags dabei hilft eure Zweisamkeit richtig genießen zu können.

Unsere Erfahrung:

Bewertung:

Datum:

Platz für unsere Erinnerungen…

LEGO MINIFIGUREN

Im Lego Store kann man seine eigenen Figuren erstellen lassen, woraus ihr eine Challenge machen könnt: Jeder von euch muss den jeweils anderen so gut es geht als Lego Männchen erstellen. Haarschnitt, Outfit und Kopf wird individuell anhand des Partners ausgewählt. Dieses Date garantiert euch Spaß und außerdem habt ihr anschließend ein witziges kleines Andenken.

Unsere Erfahrung:

Bewertung: ♡♡♡♡♡

Datum:

Platz für unsere Erinnerungen…

LOVE LANGUAGE LERNEN

Die Love Language des jeweils anderen zu kennen ist wichtig um zu wissen wie man seinem Partner am besten seine Liebe zeigen soll, was dieser am ehesten braucht und besonders um Konflikte zu vermeiden. Nehmt euch die Zeit, macht beide den Online Test und lernt euch gegenseitig noch besser auf tieferer Ebene kennen.

Unsere Erfahrung:

Bewertung: ♡♡♡♡♡

Datum:

Platz für unsere Erinnerungen…

LEBKUCHENHAUS CHALLENGE

Wer baut das schönere Lebkuchenhaus? Baut individuell eure Lebkuchenhäuser und dekoriert bis ihr nicht mehr könnt! Lasst eure Familien und Freunde entscheiden wer das bessere, schönere und stabilere Haus gebaut hat und schaut wer gewinnt! Der Verlierer muss dem Gewinner einen kleinen Wunsch erfüllen :)

Unsere Erfahrung:

Bewertung: ♡♡♡♡♡

Datum:

Platz für unsere Erinnerungen…

MINIGOLF

Minigolf könnt ihr auf verschiedenste Weise erleben: Schwarzlicht Minigolf, 3D Golf oder doch einfach Minigolf im Freien in der Natur. Je nach Vorlieben, Wetter und Laune könnt ihr dieses Date individuell an euch anpassen.

Genießt die Herausforderung der verschiednen Bahnen und lacht gemeinsam über eure Schläge, die häufig ins Leere gehen :)

Unsere Erfahrung:

Bewertung:

Datum:

Platz für unsere Erinnerungen…

MOVIE MARATHON

Ein klassisches aber häufig unterschätztes Date ist ein Movie Marathon zu Hause: Besorgt euch eure Lieblingssnacks, bestellt euch was zu essen, baut euch ein gemütliches Nest und sucht euch eine spannende Filmreihe aus. Harry Potter, Transformers oder doch das ganze Marvel Universum? Es ist komplett euch überlassen wie ihr euren perfekten Filmabend gestaltet!

Unsere Erfahrung:

Bewertung: ♡♡♡♡♡

Datum:

Platz für unsere Erinnerungen…

NACHTWANDERUNG MIT PICKNICK

Erlebt spazieren gehen und Picknicken mal anders, indem ihr dies bei später Stunde tut. Ein nächtlicher Spaziergang sorgt für eine romantische und ruhige Atmosphäre und ist gerade im Sommer eine schöne Aktivität! Sucht euch ein ruhiges Plätzchen, breitet eine Decke aus und genießt die Ruhe der Nacht beim Sterne beobachten.

Unsere Erfahrung:

Bewertung:

Datum:

Platz für unsere Erinnerungen…

NIGHTLIFE DATE

Putzt euch so richtig raus und macht mal etwas ungewöhnliches: Besucht zu zweit eure Lieblingsbar und startet von da aus einen Bar Marathon. Schlendert von Bar zu Bar und trinkt jeweils einen Drink (Egal ob alkoholisch oder nicht) und schaut mal wie weit ihr kommt ;)

Wenn eure Ausdauer reicht, geht ihr am Ende des Abends noch irgendwo tanzen.

Unsere Erfahrung:

Bewertung:

Datum:

Platz für unsere Erinnerungen…

NUTELLA PIZZA BACKEN

Diese einfach aber doch sehr leckere Date Idee hat es wirklich in sich: Ihr braucht lediglich fertigen Pizzateig, Nutella und Früchte oder Belag eurer Wahl. Formt den Teig in eine Herzform, belegt diesen und schon kann die Nutella Pizza in den Ofen.
Freut euch auf eine Geschmacksexplosion!

Unsere Erfahrung:

Bewertung:

Datum:

Platz für unsere Erinnerungen…

OUTFIT CHALLENGE

Wenn ihr keine Lust auf langweiliges Shoppen gehen habt, dann müsst ihr unbedingt diese Outfit Challenge ausprobieren: Macht ein Budget aus, geht getrennt in verschiedene Läden und kauft für den jeweils anderen ein komplettes Outfit. Ihr könnt die Challenge auch anpassen indem ihr ein bestimmtes Motto auswählt, oder etwas wählt, was der andere niemals anziehen würde. Es ist immer schön auch mal etwas Neues auszuprobieren!

Unsere Erfahrung:

Bewertung: ♡♡♡♡♡

Datum:

Platz für unsere Erinnerungen…

OPEN AIR KINO

Keine Lust mehr auf langweilige Kino Besuche? Dann probiert unbedingt mal ein Open Air Kino aus. Besorgt euch Snacks und eine kuschelige Decke und genießt dieses romantische und gemütliche Date. Besonders empfehlenswert ist es dies in den Abendstunden nach einem sonnigen und warmen Tag zu unternehmen, für eine besonders schöne Atmosphäre.

Unserе Erfahrung:

Bewertung: ♡♡♡♡♡

Datum:

Platz für unsere Erinnerungen…

PICKNICK MIT DIY

Ein gemütliches Picknick ist bereits eine schöne Date Idee, welche ihr aber noch mithilfe kleiner Leinwände und Farben aufpeppen könnt. Die Utensilien bekommt ihr schon für wenig Geld beim Eineuroladen. Somit könnt ihr euer Picknick in der Natur genießen und beim Bemalen der Leinwände entspannen.

Unsere Erfahrung:

Bewertung:

Datum:

Platz für unsere Erinnerungen…

POLAROID FOTOTAG

Polaroid Fotos sind einzigartige Fotos die besondere und schöne Momente festhalten können. Nehmt den ganzen Tag lang eine Polaroid Kamera mit und schießt unvergessliche Fotos, oder veranstaltet sogar ein kleines Fotoshooting damit! Falls ihr keine Kamera habt, könnt ihr die Bilder auch mit dem Handy machen und anschließend als Polaroid Foto ausdrucken lassen. Beginnt ein kleines Album zu verfassen mit all euren Polaroid Fotos, sammelt diese von Jahr zu Jahr und bewahrt dieses gut für die Zukunft auf!

Unsere Erfahrung:

____

____

____

____

____

____

____

____

____

____

____

____

Bewertung: ♡♡♡♡♡

Datum:

Platz für unsere Erinnerungen…

QUIZ NACHT

Überlegt euch witzige Fragen zum Thema „Wer kennt wen besser?“ Oder „Wer würde eher?“ Und ihr werdet sehen wie gut ihr euch überhaupt kennt. Gibt es etwas komplett Neues was ihr erfahren habt? Hat euch etwas überrascht? Findet dies mit einer lustigen Quiz Nacht heraus!

Unsere Erfahrung:

Bewertung:

Datum:

Platz für unsere Erinnerungen…

ROLLERSKATES

Das Rollerskates Fahren ist eine tolle Aktivität um im Alltag aktiv und fit zu bleiben und macht gleichzeitig riesigen Spaß! Es ist für jedes Alter geeignet, ebenso wie auch für Fortgeschrittene und Anfänger. Es ist egal ob ihr mit euren eigenen Rollerskates in der Natur unterwegs seid oder indoor auf einer Rollschuhbahn:
Ein schönes Date ist garantiert!

Unsere Erfahrung:

____

____

____

____

____

____

____

____

____

____

____

____

____

____

Bewertung: ♡♡♡♡♡

Datum:

Platz für unsere Erinnerungen…

STÄDTETRIP

Sucht euch ein Wochenende und eine Stadt eurer Wahl aus und erforscht etwas Neues. Egal ob innerhalb des Landes oder ob London, Paris, Madrid....

Gemeinsam zu reisen ist eine tolle Möglichkeit sich besser kennenzulernen, unvergessliche Erinnerungen zu sammeln und etwas Spannendes zu erleben! Schnappt euch euren Koffer und Let's go!

Unsere Erfahrung:

Bewertung:

Datum:

Platz für unsere Erinnerungen…

SPA TAG ZUHAUSE

Macht euch einen gemütlichen und entspannten Abend zu Hause: Besorgt euch Gesichtsmasken, Massage Öl und Massage Roller für eine erfolgreiche Entspannung. Verwöhnt euch gegenseitig und vergisst nicht für ruhige Musik und leckere Snacks zu sorgen!

Unsere Erfahrung:

Bewertung: ♡♡♡♡♡

Datum:

Platz für unsere Erinnerungen…

SCHMUCK DATE

Bei diesem Date ist wieder eure Kreativität gefragt: Entweder begebt ihr euch in ein Schmuckgeschäft eurer Wahl und lasst euch dort Schmuck personalisieren, was an sich schon eine schöne Erfahrung ist, oder ihr besorgt euch Perlen, Anhänger etc. Und erstellt euren eigene Schmuck! Wählt welche Variante euch lieber ist und werdet kreativ!

Unsere Erfahrung:

Bewertung:

Datum:

Platz für unsere Erinnerungen…

TULPEN PFLÜCKEN

Atemberaubende Tulpenfelder bieten nicht nur eine wunderschöne Fotokulisse, sondern bereiten auch große Freude! So könnt ihr unvergessliche Erinnerungsfotos schießen und gleichzeitig schöne Blumen mit nach Hause nehmen: Doppelte Freude!

Unsere Erfahrung:

Bewertung:

Datum:

Platz für unsere Erinnerungen…

THERME

Ein entspannter Tag in der Therme ist die perfekte Aktivität bei schlechtem Wetter. Genießt Massagen, entspannende Saunagänge und abwechslungsreiche Bäder und entflieht dem Alltagsstress in einer Therme eurer Wahl. Gönnt euch eine Auszeit!

Unsere Erfahrung:

Bewertung:

Datum:

Platz für unsere Erinnerungen…

ÜBERRASCHUNGSDATE

Seinem Partner ab und zu eine Freude bereiten ist ein wichtiger Bestandteil einer Beziehung: Es hilft dabei die Romantik aufrechtzuerhalten und gleichzeitig macht ihr euch damit glücklich. Demnach sollten beide Partner mal die Initiative ergreifen und ein schönes Überraschungsdate für den Anderen planen. Schreibe deinem/deiner Partner/in Uhrzeit und Dresscode, um den Rest kümmerst du dich!

Unsere Erfahrung:

Bewertung:

Datum:

Platz für unsere Erinnerungen…

VERGNÜGUNGSPARK

Wenn ihr den Nervenkitzel sucht oder doch einfach nur eine entspannte Zeit zu zweit verbringen möchtet, dann ist dieses Date genau das Richtige für euch.

Die Vielzahl an Attraktionen und Shows bietet euch Vielfältigkeit und Abwechslung, die euch definitiv einen unvergesslichen Tag garantieren werden.

Unsere Erfahrung:

____

____

____

____

____

____

____

____

____

____

____

____

____

____

____

Bewertung: ♡♡♡♡♡

Datum:

Platz für unsere Erinnerungen…

VISIONBOARDS ERSTELLEN

Gemeinsam Visonboards zu erstellen ist gerade am Anfang eines neuen Jahres eine schöne gemeinsame Aktivität. Das Thema könnt ihr euch beliebig aussuchen: Beziehung, Zukunft, Gesundheit, Beruf etc. Hierzu sucht ihr euch dann verschiedene Bilder, motivierende Sprüche oder etwas anderes, was euch dabei hilft eine schöne Collage zu erstellen. Hängt euch diese dann an einen Ort hin, wo ihr es ständig vor Augen habt und seht zu wie eure Visionen zu Realität werden!

Unsere Erfahrung:

Bewertung: ♡♡♡♡♡

Datum:

Platz für unsere Erinnerungen…

WELLNESS

Private Spas werden immer beliebter und das auch zurecht: Ein Wellnessbereich mit kompletter Privatsphäre ist das perfekte Date um die Zweisamkeit zu genießen und um richtig runterzukommen. Es ist die ideale Aktivität für eine romantische Date Night und einen unvergesslichen Abend!

Unsere Erfahrung:

Bewertung: ♡♡♡♡♡

Datum:

Platz für unsere Erinnerungen…

WACHSMUSEUM

Diese Art von Museum gibt es überall auf der Welt und ist an jedem Ort doch ganz unterschiedlich. Dieses Date könnt ihr somit auch mit dem „Städtetrip Date“ kombinieren und das Museum in der gewählten Stadt besuchen. Lustige Spaßfotos sind bei diesem Date auf jeden Fall ein Muss!

Unsere Erfahrung:

Bewertung: ♡♡♡♡♡

Datum:

Platz für unsere Erinnerungen…

X-TREME SPORT

Kommt aus eurer Komfortzone heraus und unternimmt etwas komplett Verrücktes: Fallschirmspringen, Rafting oder Paragliding. Wie weit traut ihr euch zu gehen und wo liegen eure Grenzen? Eine tolle Herausforderung, die euch enger zusammenschweißt und die ihr garantiert niemals vergessen werdet!

Unsere Erfahrung:

Bewertung: ♡♡♡♡♡

Datum:

Platz für unsere Erinnerungen…

COUPLE YOGA

Auf YouTube oder anderen Plattformen findet ihr zahlreiche Couple Yoga Videos die ihr ausprobieren könnt. Sucht euch die verrücktesten Figuren aus die ihr zusammen darstellen könnt und filmt euch dabei, um auch im Nachhinein noch etwas zum Lachen zu haben!

Unsere Erfahrung:

Bewertung: ♡♡♡♡♡

Datum:

Platz für unsere Erinnerungen…

ZOO

Der Zoo ist nur für Kinder gedacht? Ganz im Gegenteil, denn egal ob Aquarium, Streichelzoo oder Wildpark die Vielfalt ist riesig und der Spaßfaktor hoch! Begebt euch auf Entdeckungstour und erforscht bei diesem schönen Date neue Tierarten!

Unsere Erfahrung:

Bewertung: ♡♡♡♡♡

Datum:

Platz für unsere Erinnerungen…

IMPRESSUM

FANTASIA BOOKS
c/o autorenglück.de
Franz-Mehring-Str. 15
01237 Dresden

Bild: canva.com. Dieses Cover wurde mit Ressourcen von canva.com erstellt.

ISBN: 9798856536415

Printed in Germany
by Amazon Distribution
GmbH, Leipzig

30634502R00061